Carlos Rios-Campos
Gonzalo Orozco Vilema
Oscar Anchundia-Gómez

CASOS DE ÉXITO DE LA TRANSFORMACIÓN DIGITAL

Carlos Rios-Campos
Gonzalo Orozco Vilema
Oscar Anchundia-Gómez

CASOS DE ÉXITO DE LA TRANSFORMACIÓN DIGITAL

ESTONIA Y SINGAPUR

Editorial Académica Española

Imprint
Any brand names and product names mentioned in this book are subject to trademark, brand or patent protection and are trademarks or registered trademarks of their respective holders. The use of brand names, product names, common names, trade names, product descriptions etc. even without a particular marking in this work is in no way to be construed to mean that such names may be regarded as unrestricted in respect of trademark and brand protection legislation and could thus be used by anyone.

Cover image: www.ingimage.com

Publisher:
Editorial Académica Española
is a trademark of
Dodo Books Indian Ocean Ltd. and OmniScriptum S.R.L publishing group

120 High Road, East Finchley, London, N2 9ED, United Kingdom
Str. Armeneasca 28/1, office 1, Chisinau MD-2012, Republic of Moldova, Europe
Printed at: see last page
ISBN: 978-613-9-43306-3

CASOS DE ÉXITO DE LA TRANSFORMACIÓN DIGITAL: ESTONIA Y SINGAPUR

CASOS DE ÉXITO DE LA TRANSFORMACIÓN DIGITAL:

ESTONIA Y SINGAPUR

Carlos Rios-Campos

Profesión: Doctor en Gestión Universitaria. Maestro en Administración. Ingeniero de Sistemas. Director del Instituto de Investigación en Tecnología de Información y Comunicación – IITIC

Institución: Universidad Nacional Toribio Rodríguez de Mendoza de Amazonas

Correo electrónico: carlos.rios@untrm.edu.pe

Chiclayo, Perú

Gonzalo Orozco Vilema

Profesión: Doctor en Ciencias de la Educación, Magister en Gerencia Educativa, Especialista en Proyectos Educativos, Arquitecto Urbanista- Investigador Senescyt. Analista 3 de la Jefatura de Cooperación y Gestión de Recursos Externos de la Coordinación de Internalización y Movilidad Académica, Docente de la Facultad de Filosofía Letras y Ciencias de la Educación de la Carrera de Educación Básica

Institución: Universidad de Guayaquil

Correo electrónico: ernestoorozcovilema@gmail.com, gonzalo.orozcov@ug.edu.ec

Guayaquil, Ecuador

Oscar Anchundia-Gómez

Profesión: Doctor en Educación - Ph.D., Magister en Educación Universitaria e Investigación Educativa, Licenciado en Informática. Ex-Director de la Carrera Sistemas Multimedia, Director de la RED-IEB (Red de Docentes Investigadores de la Carrera Educación Básica) y Docente-Carrera Educación Básica.

Institución: Universidad de Guayaquil - Facultad de Filosofía.

Correo electrónico: oscar.anchundiag@ug.edu.ec

Guayaquil, Ecuador

El educador es el hombre que hace que las cosas difíciles parezcan fáciles.

Ralph Waldo Emerson

Contenido

1. Introducción

En este libro se planteó el objetivo general, analizar los Casos de éxito de la Transformación Digital: Estonia y Singapur.

La pandemia del coronavirus ha evidenciado la necesidad de contar con una economía digital sólida para no perder el tren de la competitividad ni ampliar las brechas de desigualdad, de género y de baja productividad de la region (Naciones Unidas, 2020).

La tecnología digital será el motor principal del cambio en este siglo, propiciando la reconfiguración de economías, gobiernos y la sociedad civil, e incidiendo en todos los aspectos de nuestro trabajo, a veces de manera inesperada. Con ello en mente, en 2019 el PNUD puso en marcha a nivel de toda la organización su primera estrategia digital (Opp, 2021).

La buena noticia es que la transformación digital puede ayudar a las economías de ALC a salir de la crisis estimulando la innovación empresarial y nuevos modelos de consumo, transformando los sistemas de producción y las cadenas de valor, reorganizando los sectores económicos e introduciendo nuevas condiciones de competitividad (CEPAL, 2020).

Según BBVA Research, algunos países han alcanzado niveles de digitalización por encima de los esperados según sus niveles de renta. Este es el caso de Singapur, Corea, Japón, Estados Unidos, el Reino Unido y los países del norte y centro de Europa (Cabirta, 2019).

2. Transformación digital

La transformación digital es lo que le sucede cuando las empresas adoptan nuevas e innovadoras maneras de hacer negocios con base en los avances tecnológicos. Es el proceso de cambiar algo por completo con herramientas digitales (Red Hat, 2021).

La transformación digital es reconocida por la muestra de análisis, en general, como de vital importancia para el éxito de la organización (Cuenca-Fontbona, Matilla & Compte-Pujol, 2020).

La transformación digital en las organizaciones es posible, necesaria y es crítico comenzarla lo antes posible y será viable si los equipos que tienen que implementarla conocen a detalle la visión y la estrategia de la organización...(Juca, Brito, B., García & Burgo, 2019).

Figura 1. La transformación digital en las organizaciones.

Fuente: https://secatel.com/que-es-la-transformacion-digital

El actual proceso de transformación digital y los enormes beneficios estratégicos y pronósticos alcanzados en ámbitos de actividad como el industrial o el retail ha generado diferentes propuestas teórico-prácticas para su implementación y desarrollo en ámbitos no económicos como el político, el educativo, el asistencial y, lo que es más preocupante, el moral (Calvo, 2019).

Es, en general, la forma en que trabajamos, aprendemos y vivimos, que convierten a la tecnología en una fuerza crucial, para la competitividad económica y el desarrollo social (Anzola, 2019).

El resultado es una auténtica transformación social: las TIC están cambiando la forma en que nos relacionamos, trabajamos o llenamos el espacio de ocio (Muñoz, Díaz & Gallego, 2020).

Por otro lado, se destaca las nuevas tecnologías digitales, los recursos de Internet orientadas a la educación y las miradas concernientes a reducir la brecha digital en el contexto educativo (Vargas-Murillo, 2020).

Existe una relación objetiva entre el nivel de sofisticación de los sistemas nacionales de innovación y la calidad de la digitalización de las funciones de gestión universitaria (Dudin, Afanasyev, Voropaev & Zasko, 2020).

La conclusión a que se arriba es que la digitalización debe considerarse como una oportunidad para mejorar la gobernanza, a través de la restructuración de los servicios públicos, utilizando intensivamente las tecnologías digitales con la finalidad de incrementar su eficacia y eficiencia para lograr el bienestar digital de los ciudadanos y ahorros sustanciales (Huamán & Medina, 2022)

Figura 2. Transformación digital en la administración pública.

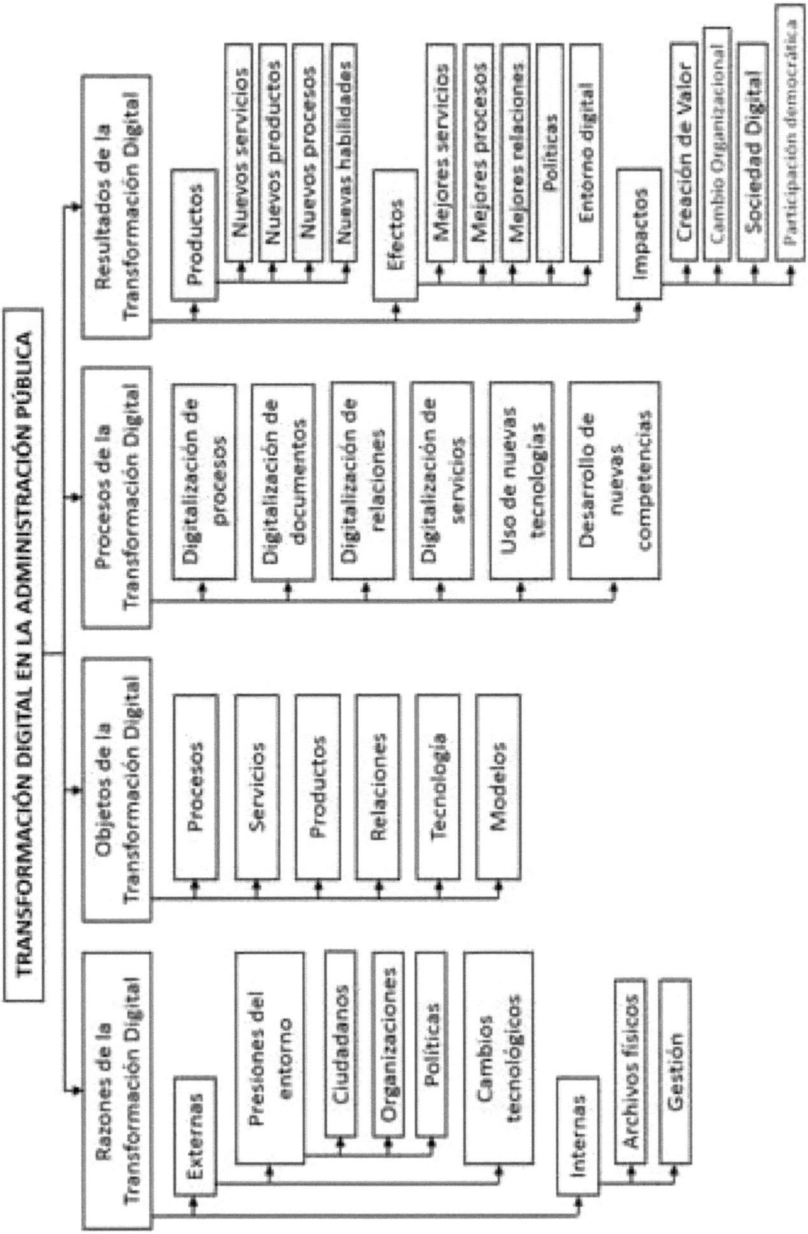

Fuente: Huamán & Medina (2022)

Otro sector de interés dinámico es el que marcan los estudios de la información en el gobierno y la democracia electrónicos, así como en las ciudades inteligentes o respecto a la enseñanza e inclusión digitales (Paletta y Moreiro-González, 2021).

Es posible afirmar que la influencia y adopción del gobierno digital en diferentes países contribuye a acercar a los ciudadanos con el Estado, aumentado la transparencia y mejorando los servicios… En resumen, el gobierno digital permite el acceso a la información de forma flexible y confiable. Así, el Gobierno puede dar inclusión, fiabilidad en la prestación de servicios y mejorar la calidad de vida de los ciudadanos (Pérez, 2020).

Entre los principales retos se encuentran, la planeación, la adecuación de metodologías y currículo, el cambio de mentalidad, y el cómo lograr por medio de la transformación digital una integración y manejo eficiente de todos los involucrados de una organización…(Ospina, & Navarrete, 2020).

Y esta necesidad estratégica requiere de una sólida disposición a plantear, desde dentro, las necesidades que conlleva el cambio: desde la tecnología a las personas. Porque toda transformación digital, para tener éxito, debe poner el foco en tres cuestiones: la tecnología, los procesos y las personas (Benítez, 2020).

Finalmente, la permanente sensación de que la transformación digital se produce a un ritmo (mucho) menor del esperado está relacionada con múltiples factores, entre los cuales ocupa un lugar destacado el temor de que los transformadores digitales terminen siendo sustituidos por la propia tecnología (Vacas, 2018).

La transformación digital es un hecho, apuntaba Guedes, y los datos, que no paran de crecer, la moneda oficial y más valiosa de esta revolución. El blockchain, el machine learning o el big data dan respuesta a esta producción incesante de conocimiento que precisa orden, marco regulatorio, evolución y soluciones (Elsevier Connect, 2018).

La aplicación blockchain es una innovación tecnológica que promete revolucionar la forma de negociar las materias primas del sector petrolero, mediante el uso de técnicas criptográficas que permiten la racionalización de transacciones complejas que se están aplicando en el comercio y los negocios (Sánchez, 2020).

Figura 3. Cómo funciona el blockchain

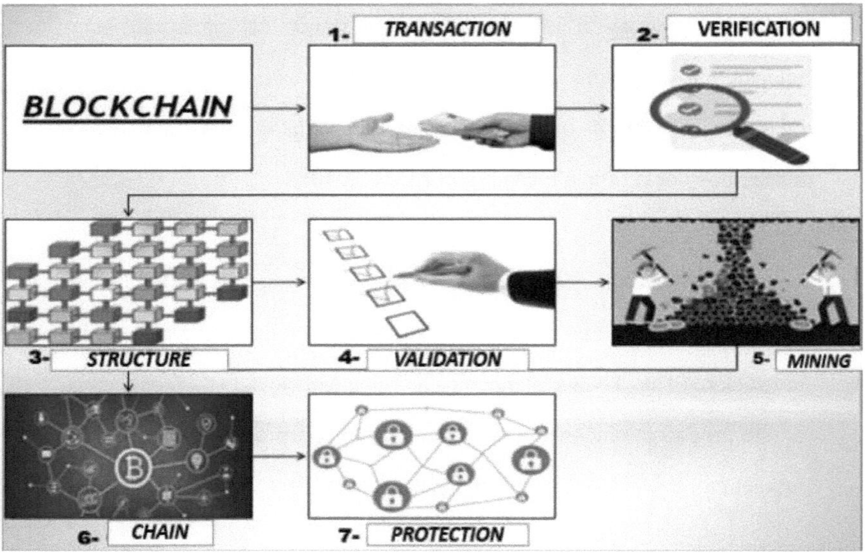

Fuente: Sánchez (2020)

Lo que conlleva que se vea la transformación digital no como una simple implementación de nuevas tecnologías sino como "educación digital", ya que una vez que somos capaces de entender cómo funcionan también seremos capaces de poder aplicarla (Alayón, 2021).

Figura 4. Los 4 ejes de la transformación digital

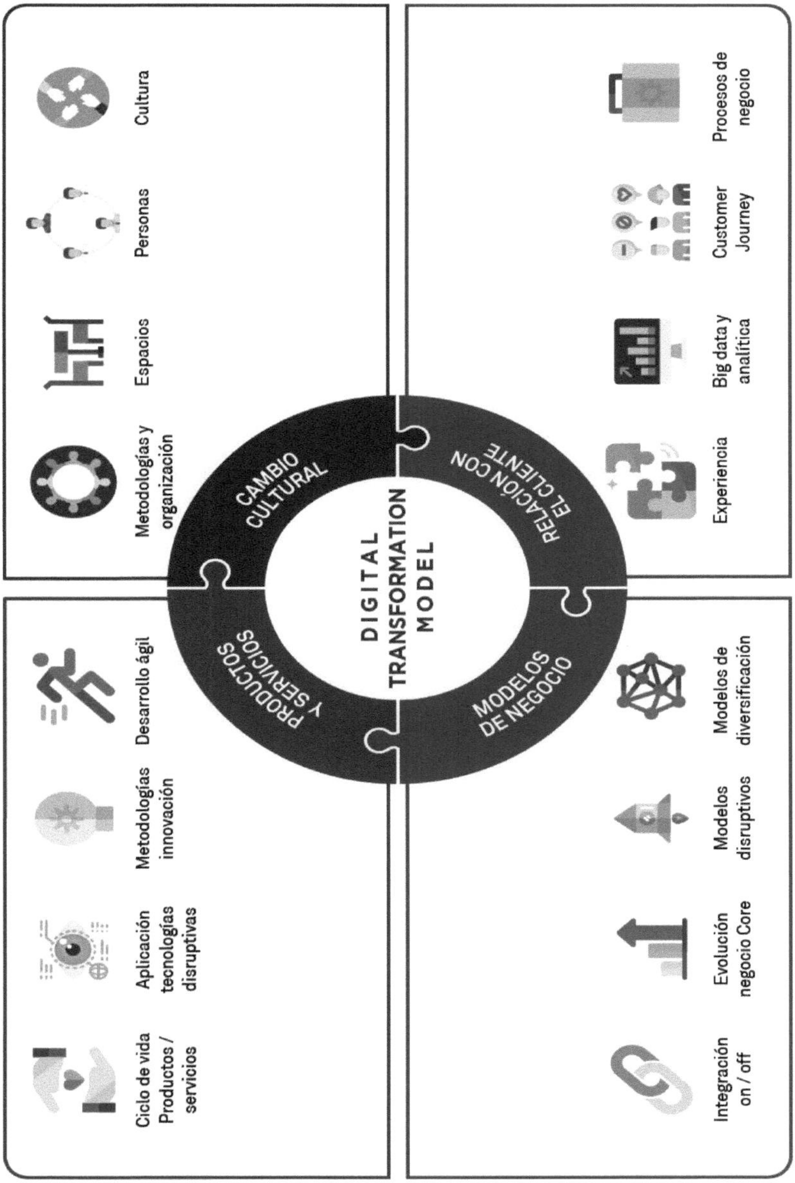

Fuente: The Valley Digital Business School (2021).

En la figura 4 se observan los 4 ejes de la transformación digital, los cuales son productos y servicios, cambio cultural, modelos de negocio y relación con el cliente.

Los maestros digitales cultivan dos capacidades: la capacidad digital, que les permite utilizar tecnologías innovadoras para mejorar elementos de su empresa, y la capacidad de liderazgo, que les permite imaginar e impulsar el cambio organizacional de manera sistemática y rentable. Juntas, estas dos capacidades permiten a una empresa transformar la tecnología digital, convirtiéndola en una ventaja competitive (Bonnet & Westerman, 2021).

Actualmente, 244 millones de latinoamericanos -el 38% de la población- no tienen acceso a Internet, una brecha social que ahonda la desigualdad en materia de acceso al conocimiento y oportunidades…Esta brecha se acentúa al interior de los países de la región, entre la población urbana y rural, así como entre hombres y mujeres y entre los jóvenes y los adultos mayores (CAF, 2020).

La transformación digital resulta importante y urgente en las organizaciones y países, sobre todo en estos momentos de pandemia. Por lo tanto, se deben hacer los esfuerzos para implementarla, sobre todo en Latinoamérica, donde la brecha digital se acentúa.

3. Resultados

Afortunadamente, en países que se encuentran a la vanguardia están surgiendo prácticas eficaces para transformar el Gobierno, los servicios, las comunidades, las ciudades y las empresas. Entre los enfoques más eficientes se encuentran: adoptar una visión holística de las TIC y de las inversiones complementarias; movilizar la demanda de buen gobierno y mejores servicios, y promover las alianzas público-privadas, entre otros (Hanna, 2017).

Figura 5. Países clasificados según el Índice de Inclusión de Internet 2021.

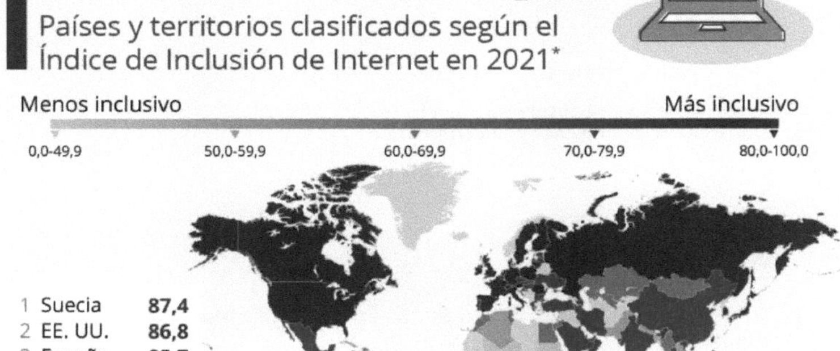

Fuente: Statista (2021)

En la figura 5 se observa que, Suecia es el país con mayor inclusión de Internet 2021, gracias a su inversión permanente y una adecuada política de estado.

La Unión Internacional de Telecomunicaciones (UIT), junto con el Ministerio de Relaciones Exteriores de la República de Estonia (MRE Estonia), el Ministerio Federal de Cooperación Económica y Desarrollo de la República Federal de Alemania (BMZ) y la Digital Impact Alliance (DIAL) de la Fundación de Naciones Unidas, han firmado una declaración conjunta para acelerar la transformación digital y la digitalización de los servicios gubernamentales, especialmente en entornos de bajos recursos (UIT, 2020).

Se describe a continuación el proceso de transformación digital en los casos de Estonia y Singapur.

3.1. Caso de Estonia

La capital de Estonia es Tallin, **Lenguas oficiales de la UE**: estonio, **País miembro de la UE**: desde el 1 de mayo de 2004, **Moneda**: euro…Estonia es una república parlamentaria. Su jefe del Gobierno —el primer ministro— es nombrado por el presidente y aprobado por el Parlamento. Es responsable del poder ejecutivo del que está investido el Gobierno. El jefe del Estado —el presidente— es elegido por el Parlamento o colegio electoral por un periodo de cinco años. El

Parlamento, formado por 101 diputados, es elegido por sufragio directo cada cuatro años. El país está dividido en 15 provincias y 79 municipios (Unión Europea, 2021).

Estonia es uno de los tres países bálticos que forma parte del grupo de naciones más adelantadas en la enseñanza y utilización de tecnologías de la información y comunicación…En 1991, después de independizarse de la Unión Soviética, Estonia optó por fomentar la economía digital y la innovación tecnológica masiva, debido a que era un país diminuto y carente de recursos naturales propios (Roonemaa, 2017).

Este pequeño país nació sin dinero, sin tecnología y sin instituciones. Tuvo que arrancar de cero y por tal motivo echó mano del talento humano especializado en números y criptografía (Semana, 2020).

Los primeros pasaportes de la nueva nación se emitieron en 1992, y cuando, una década después, llegó la hora de la renovación, el Gobierno aprovechó para dar un paso más y entregó la tarjeta de identidad con un chip electrónico para acceder a sus servicios en la Red. Hoy el 99% de los trámites oficiales —un total de 1.789…(Collera, 2018).

Hace unos 25 años, el sector público de Estonia se fijó como objetivo el desarrollo de la administración electrónica y el gobierno comenzó a desarrollar bases de datos, a potenciar un entorno seguro para el intercambio de información y para la certificación digital, así como a promover la creación de servicios de carácter electrónico (Holm, 2020).

En el año 2000, este pequeño estado báltico se convirtió en el primer país en aprobar una Ley de Telecomunicaciones por la que se declara el acceso a internet un derecho universal. Ese mismo año desaparece del Consejo de Ministros el papel y se permite a los ciudadanos realizar la declaración de la renta online (Cerdeira, 2020).

Estonia es uno de los países más avanzados del mundo en transformación digital, donde el 99% de los trámites públicos y privados se hacen online; el celular actúa como documento de identidad, medio de pago y herramienta de firma de cualquier documento y donde el tiempo de creación de empresas es de tres horas (Confiep, 2019).

Tabla 1. Incidentes cibernéticos internacionales (2003-2020)

Año	Incidente
2003	Acusación de EEUU a China sobre ataques informáticos (Titan Rain).
2007	Ataques a Estonia que inutilizaron infraestructuras críticas.
2008	Explosión, por ataque cibernético, del oleoducto BTC en Refahiye (Turquía).
2010	El gusano informático *Stuxnet* genera daños en plantas de uranio iraníes y sabotea proyectos estratégicos nacionales.
2012	Borrado de 30.000 discos duros de la empresa petrolera Saudí Aramco.
2016	Presunto ciberataque ruso (servicios de seguridad rusos) en las elecciones presidenciales de EEUU con filtraciones de información de los servidores de correo del Comité Nacional Demócrata y de su candidata Hillary Clinton, publicación de documentos para afectar su imagen y posible manipulación de elecciones en favor de Donald Trump.
2018	Supuestos ciberataques contra estructuras de información de Rusia en la copa mundial de futbol y contra redes de suministro eléctrico en 2019.
2019	Presuntos ataques cibernéticos a la infraestructura eléctrica de Venezuela.
2020	Acusaciones entre potencias por presuntos ataques cibernéticos para robo de propiedad intelectual e información sobre vacunas COVID 19.
2020	Intrusión a la plataforma de videoconferencias Zoom para extraer información, infiltrar datos y boicotear reuniones remotas.

Fuente: Ospina & Sanabria (2020).

En la tabla 1 se muestra el incidente cibernético ocurrido en el año 2007, cuando Estonia sufrió un ataque informático importante, donde fueron inutilizadas sus infraestructuras críticas.

Este sistema se basa en x-road, una plataforma segura de intercambio de datos de código abierto, que permite el acceso a 3000 procedimientos / servicios diferentes. La protección de datos está garantizada mediante el uso de tecnología blockchain. Los estonios confían y utilizan las soluciones en línea porque son rápidas, seguras y convenientes (Accessr, 2020).

Figura 6. Escala local-nacional-internacional de la crisis del Soldado de Bronce y los ciberataques de Tallin 2007

LOCAL TALLIN	NACIONAL ESTONIA	INTERNACIONAL ESTONIA-RUSIA-UE-OTAN
Catalizador: Reubicación del Soldado de Bronce **Problemáticas:** Conflicto étnico-político Protestas y vandalismo Crisis de seguridad pública **Actores involucrados:** Policía y Alcaldía Tallin **Temporalidad:** 10 enero- 30 abril 2007	**Catalizador:** Comentarios del 1er Ministro Andrus Ansip **Problemáticas:** Ataque DDoS a servidores gubernamentales y privados de Crisis de seguridad Nacional **Actores involucrados:** Gobierno Estonio y Comité de Crisis, Banca Privada y Medios de Comunicación **Temporalidad:** 26 abril - 30 abril 2007	**Catalizador:** Agresiones de *bots* de origen ruso a sitios web de Estonia y agresión a Embajadora estonia en Moscú **Problemáticas:** Crisis diplomática Estonia-Rusia **Actores involucrados:** Estonia, Rusia, UE y OTAN **Temporalidad:** 30 abril - mayo 2007
Étnico-político Seguridad Pública Opinión Pública	Seguridad Nacional Banca Privada Economía Opinión Pública Acceso a Información	Diplomacia Seguridad Nacional Seguridad Regional Seguridad Internacional

Fuente: Aguilar (2019)

En la figura 6 se muestra como fue escalando la crisis que culminó con los ciberataques a Estonia durante el periodo del 30 de abril a mayo del 2007.

Según MICITT (2019) gracias al apoyo y el enlace realizado por parte del Banco Interamericano de Desarrollo para que Costa Rica tuviera un acercamiento con la experiencia del gobierno digital de Estonia, se logró la firma de varios acuerdos en los que se trabajará en:

1. Intercambio de conocimiento para el desarrollo de soluciones efectivas de economía y gobierno digital.
2. Desarrollo de una hoja de ruta y la implementación de plataformas relevantes para el intercambio de datos y conexión de instituciones.
3. Promoción y cooperación entre Empresas de Tecnología y comunidades para el desarrollo de servicios digitales entre ambos países.
4. Desarrollo de Identidad Digital.
5. Entrenamiento e intercambio de experiencias en Ciberseguridad y protección de infraestructuras críticas.
6. Promoción de la cooperación entre instituciones educativas.

Estonia logró contener la epidemia. El artículo argumenta que el manejo de la crisis fue facilitado por factores políticos, por el rápido aprendizaje sobre políticas públicas, por la cooperación con la comunidad científica, y por la infraestructura de tecnologías de comunicación e información y gobierno digital (Raudla, 2021).

Figura 7. Sitio Web para obtener la residencia electronica de Estonia.

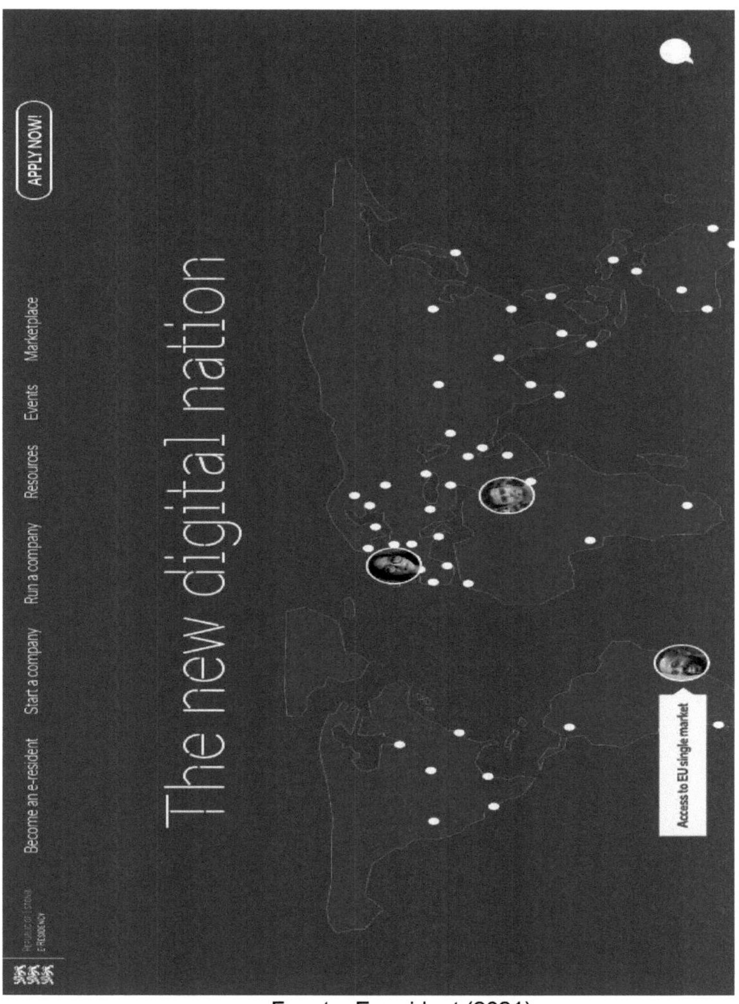

Fuente: E-resident (2021)

La figura 7 muestra el sitio web de Estonia, que es el primer país en ofrecer e-Residency, una identidad y un estado digitales emitidos por el gobierno que brinda acceso al entorno empresarial transparente de Estonia: una nueva nación digital para el mundo. Los emprendedores residentes en Internet de todo el mundo pueden iniciar una empresa con sede en la UE y gestionar su negocio desde cualquier lugar, completamente en línea (E-resident, 2021).

El e-Residency se ofrece para los ciudadanos de cualquier parte del mundo. Desde este sitio web se puede iniciar el trámite.

La economía de Estonia es innovadora y basada en el conocimiento, utilizando nuevas tecnologías y modelos de negocio y formas flexibles de empleo. Se han creado condiciones favorables para la I + D y la innovación en el sector privado, y los investigadores y las empresas están cooperando. El entorno empresarial de Estonia atrae a personas a trabajar aquí, crear empresas o participar en negocios virtuales, invertir y crear y probar nuevas soluciones que beneficien a la sociedad en general (Valitsus, 2021).

Figura 8. E-Estonia, un gobierno digital exitoso.

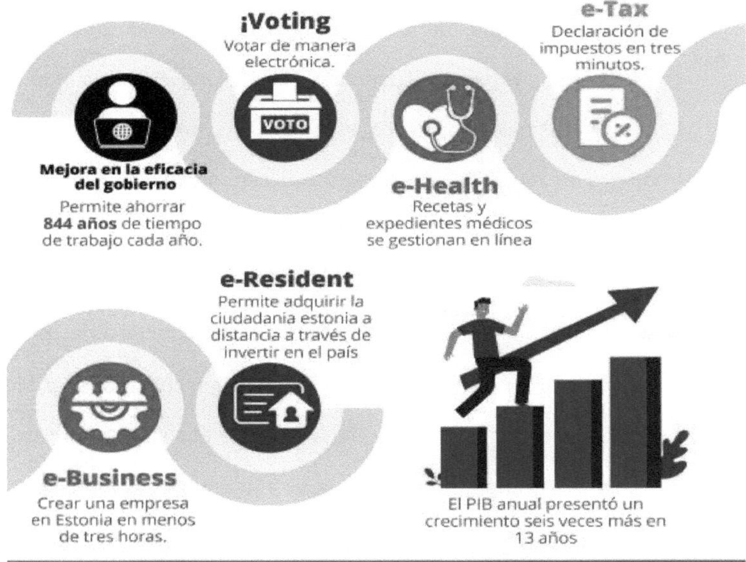

Fuente: Marcopaz (2021)

La figura 8 muestra a Estonia, como un gobierno digital exitoso, cuyos proyectos más destacados son: Mejora en la eficacia del gobierno, voto electrónico, salud electrónica, declaración de impuestos electrónica, negocio electrónico y residencia electrónica.

Un país altamente digitalizado, está muy expuesto a sufrir ciberataques, por lo que en Estonia se realizan esfuerzos permanentes para evitar una crisis similar a la del 2007.

3.2. Caso de Singapur

Singapur está formado por 64 islas incluyendo la isla principal conocida como la isla de Singapur o Pulau Ujong. Esta isla está unida a la península malaya por dos puentes. El primero lleva a la ciudad fronteriza de Johor Bahru en Malasia. El segundo, más al oeste, conecta también con Johor Bahru en los barrios de la región de Tuas (Exteriores, 2021).

En 1959, cuando Singapur acababa de obtener el autogobierno por parte del Reino Unido, Lee Kuan Yew fue escogido Primer Ministro. En 1963, Singapur se unió a la Federación de Malasia. Sin embargo, los desacuerdos entre el gobierno federal y el gobierno local llevaron a la independencia singapurense definitiva el 9 de agosto de 1965 con Lee Kuan Yew al mando de los 2 millones de singapurenses que eran el resultado de inmigrantes chinos, indios y malayos (Mandujano, 2021).

Figura 9. Mapa de Singapur

Singapur

MALASIA
Sembawang
Woodlands
Yishun
Isla Pulau Ubing
Isla Pulau Tekong
Punggol
Choa Chu Kang
Bukit Timah
Changi
Toa Payoh
Bedok
Tuas
SINGAPUR
Isla Jurong
Isla Sentosa
Estrecho de Singapur
Bukom
Sudong
Semakau
Pawai

© Oficina de Información Diplomática.
Aviso: Las fronteras trazadas no son necesariamente las reconocidas oficialmente.

Fuente: Exteriores (2021)

En la figura 9 se muestra el mapa de Singapur, donde se observan la gran cantidad de islas que conforman su territorio.

La cuarta nación más rica del planeta, atendiendo al poder adquisitivo per capita de sus habitantes, no sobrepasa en sus dimensiones a la tildada de capital del mundo, Nueva York. Integrante del selecto club de ciudades-estado, junto al Vaticano y Mónaco, Singapur tiene apenas 5,7 millones de habitants...(Bonet, 2021).

Singapur ocupó el primer puesto con un sólido desempeño en los siete componentes (Necesidades básicas, inversión de gobierno y negocios, facilidad para realizar negocios, capital humano, ambiente para start-ups, adopción de tecnología e infraestructura tecnológica), incluido el puntaje más alto en capital humano e inversión empresarial y gubernamental (Cisco, 2020).

Se necesitaba un cambio de mentalidad, dijo el ministro Zulkifli. "Nuestro enfoque ha sido construir una ciudad habitable y sostenible, a través de una política pragmática basada en sólidos principios económicos y científicos; un enfoque en la planificación a largo plazo y la implementación efectiva; y la capacidad de movilizar el apoyo popular para el bien común" (UNEP, 2018).

Nosotros entendemos que las personas son nuestro único recurso, así que si necesitamos desarrollar algo es desarrollar a las personas. Por eso nuestra fuerte inversión en educación y enfoque, creo que no es sólo del gobierno, es una norma cultural para asiáticos invertir en educación. En general así es la cultura china, y Singapur es 75% chino (Observatorio TEC, 2020).

El sistema se ha incorporado al documento nacional de identidad digital –conocido como *SingPass* ("Singapore Personal Access" o "Acceso Personal de Singapur")–, que desde 2003 permite a unos 3,3 millones de ciudadanos de Singapur, algo más de la mitad de su población total, conectarse a más de 400 servicios públicos y privados (Almoguera, 2020).

Y es que en Singapur todo gira en torno a la tecnología. Sus residentes ya cuentan con red de fibra óptica que se extiende a lo largo y ancho de la isla, proporcionándoles internet de alta velocidad, y ya hay tres teléfonos móviles por cada dos ciudadanos (BBC Mundo, 2017).

Se sigue progresando en el enfoque centrado en los ciudadanos, ya que evoluciona según las preferencias cambiantes de los ciudadanos. Gracias al establecimiento de una infraestructura de Internet excelente y a la disponibilidad en línea de los datos del gobierno, se espera que la e-participación crezca a medida que empieza a formar una parte integral de la prestación de servicios del gobierno y de la interacción con el público (Pantzer, 2016).

Figura 10. Programa Go Digital de Singapur.

Fuente: IMDA (2021).

La figura 10 muestra el Programa Go Digital de Singapur del Infocomm Media Development Authority (IMDA), que tiene 3 pasos: ¿Está tu negocio digital listo?, ¿cómo has empezado? y ¿dónde puedes conseguir ayuda?.

El modelo de innovación de Singapur está basado en la influencia del sector público sobre el privado. El Gobierno, en primer lugar, identifica aquellos sectores estratégicos para el país y aquellos en los que tiene capacidad de influencia. Una vez identificados, anuncia su intención de invertir y apostar fuertemente por esos sectores y entra en contacto con las grandes empresas del sector para establecer colaboraciones público-privadas tanto con las universidades como con sus agencias públicas (Sánchez, 2021).

El sector fintech es ya un mercado consolidado en Singapur, con un panorama amplio de aceleradoras, programas de innovación abierta con las principales entidades financieras del país, entre las que destacan los tres bancos locales DBS, OCBC y UOB, así como un gran número de bancos internacionales asentados en el hub comercial que representa Singapur en el sudeste asiático, y un apoyo institucional importante (Sánchez, 2020).

Tabla 2. El sector fintech en Singapur.

Dato	Cifra	Variación año anterior	Fuente
Inversión total *fintech* Singapur (2019)	+1.000 millones de SGD	+12 %	Monetary Authority of Singapore (MAS)
Número de *startups fintech* (2019)	+1.100	-	MAS
Global Fintech Ranking (2019)	3.º	↑18	Findexable
IFZ Global FinTech Ranking (2018)	1º	-	Thomson Reuters Labs
Empresas en el Fintech100 (2019)	4	-	KPMG
Porcentaje sector financiero sobre PIB (2019)	13,9 %	+0,7 %	Singstat
The Global Financial Centres Index	5.º	-1	Z/Yen Group
N.º licencias bancarias	204	-	MAS
N.º licencias de seguros	351	-	MAS
N.º licencias medios de pago	466	-	MAS

Fuente: Sánchez (2020).

La tabla 2 muestra el incremento en la inversión total en las fintech de Singapur, de acuerdo a la Monetary Authority of Singapore (MAS).

El Festival FinTech de Singapur, organizado por la Autoridad Monetaria de Singapur, el Singapore FinTech Festival (SFF) se encuentra en su sexta edición. El evento anual del año pasado reunió a 60.000 participantes de 160 países, tanto en forma virtual como en persona, para el desarrollo de servicios financieros, políticas públicas y tecnología (Singapore Fintech Festival, 2021).

Figura 11. Website del Singapore Fintech Festival.

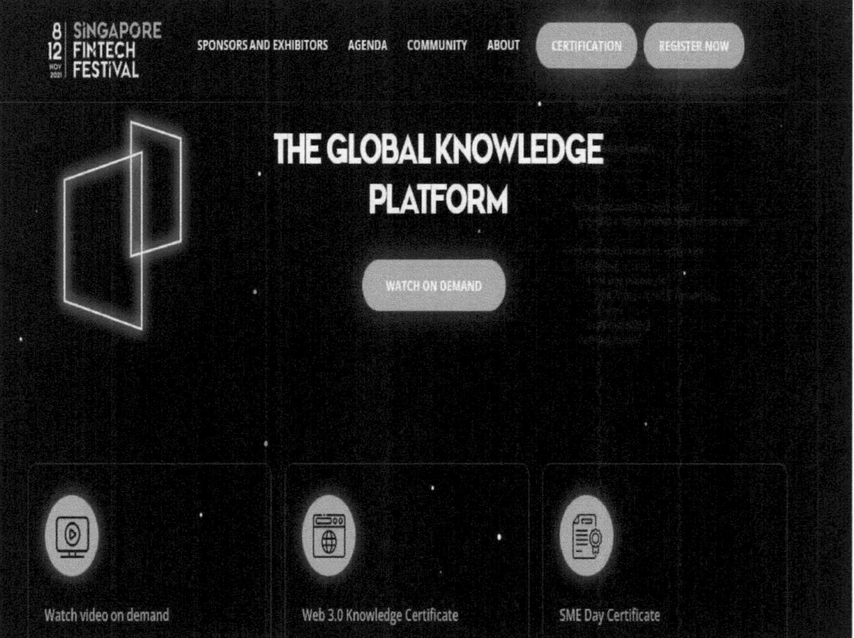

Fuente: Singapore Fintech Festival (2021)

La figura 11 muestra el Website del Singapore Fintech Festival, que ofrece acceso a los auspiciadores y exhibiciones, agenda, comunidad, acerca de, certificación y el registro.

En Estonia y Singapur, destaca la fuerte inversión por parte del estado y el compromiso y adaptación de su sociedad con los cambios de la transformación digital.

4. Conclusiones

Los 4 ejes de la transformación digital, son productos y servicios, cambio cultural, modelos de negocio y relación con el cliente.

La transformación digital resulta importante y urgente en las organizaciones y países, sobre todo en estos momentos de pandemia. Por lo tanto, se deben hacer los esfuerzos para implementarla, sobre todo en Latinoamérica, donde la brecha digital se acentúa.

Suecia es el país con mayor inclusión de Internet 2021, gracias a su inversión permanente y una adecuada política de estado.

En el incidente cibernético ocurrido a Estonia en el año 2007, fueron inutilizadas sus infraestructuras críticas, fue escalando dicha crisis durante el periodo del 30 de abril a mayo del 2007.

El sitio web de Estonia, ofrece el e-Residency, una identidad y un estado digitales emitidos por el gobierno que brinda acceso al entorno empresarial transparente de Estonia: una nueva nación digital para el mundo.

Estonia, es un gobierno digital exitoso, cuyos proyectos más destacados son: Mejora en la eficacia del gobierno, voto electrónico, salud electrónica, declaración de impuestos electrónica, negocio electrónico y residencia electrónica.

El Programa Go Digital de Singapur del Infocomm Media Development Authority (IMDA), que tiene 3 pasos: ¿Está tu negocio digital listo?, ¿cómo has empezado? y ¿dónde puedes conseguir ayuda?.

Se evidencia un incremento en la inversión total en las fintech de Singapur, de acuerdo a la Monetary Authority of Singapore (MAS).

El Website del Singapore Fintech Festival, ofrece acceso a los auspiciadores y exhibiciones, agenda, comunidad, acerca de, certificación y el registro.

Estonia y Singapur son dos casos de éxito de la transformación digital, por ello muchos países buscan su asesoría y establecer convenios. Este proceso de transformación digital, ha requerido un esfuerzo constante y un alto compromiso de los actores del mismo.

Referencias bibliográficas

Accessr (2020). E-stonia, the most connected country in the world. Recuperado de https://accessr.eu/en/projets/e-stonia-the-most-connected-country-in-the-world/

Aguilar, Juan Antonio Manuel. (2019). Hechos ciberfísicos: una propuesta de análisis para ciberamenazas en las Estrategias Nacionales de Ciberseguridad. URVIO Revista Latinoamericana de Estudios de Seguridad, (25), 24-40. https://doi.org/10.17141/urvio.25.2019.4007

Alayón Rodríguez, E. E. (2021). Tecnologías disruptivas en la transformación digital de las organizaciones en la industria 4.0. Revista Scientific, 6(21), 267–281. https://doi.org/10.29394/Scientific.issn.2542-2987.2021.6.21.14.267-281

Almoguera, P. (2020). Singapur estrena un sistema de verificación facial como DNI. Recuperado de https://elpais.com/retina/2020/10/02/innovacion/1601653052_245522.html

Anzola Montero, G. (2019). Transformación digital para la revolución industrial: el nuevo llamado para la U.D.C.A. Rev. U.D.C.A Act. & Div. Cient. 22(1):e1228. https://doi.org/10.31910/rudca.v22.n1.2019.1228

Barrero, A. y Rosero, A. (2018). Estado del Arte sobre Concepciones de la Diversidad en el Contexto Escolar Infantil. Revista Latinoamericana de Educación Inclusiva, 2018, 12(1), 39-55 https://doi.org/10.4067/S0718-73782018000100004

BBC Mundo (2017). Singapur: qué está haciendo el país más caro del mundo para convertirse en el más inteligente. Recuperado de https://www.bbc.com/mundo/noticias-38894741

Benítez, E. (2020). La transformación digital del control externo del gasto público. Auditoría Pública nº 76, pp.19 – 30. https://asocex.es/wp-content/uploads/2020/11/Revista-Auditoria-Publica-n%C2%BA-76-pag-19-a-30.pdf

Bonet, I. (2021). Singapur, la Mónaco asiática de los megarricos. Recuperado de https://elpais.com/gente/2021-09-14/singapur-la-monaco-asiatica-de-los-megarricos.html

Bonnet, D. & Westerman, G. (2021). Los nuevos elementos de la transformación digital. Business Review (Núm. 308) · TIC · Febrero.

Recuperado de https://www.harvard-deusto.com/los-nuevos-elementos-de-la-transformacion-digital

CAF (2020). Transformación digital para la América Latina del S. XXI. Recuperado de https://www.caf.com/es/conocimiento/visiones/2020/02/transformacion-digital-para-la-america-latina-del-s21/

Cabirta, A. (2019). ¿Cuáles son los países más digitalizados?. Recuperado de https://www.bbva.com/es/cuales-son-los-paises-mas-digitalizados/

Calvo, Patrici (2019). Etificación, La transformación digital de lo moral* * Este estudio es parte del Proyecto de Investigación Científica y Desarrollo Tecnológico FFI2016-76753-c2-2-p, financiado por el Ministerio de Economía y Competitividad, y uji-a2016-04, financiado por la Universitat Jaume I. Kriterion: Revista de Filosofia, v. 60, n. 144, pp. 671-688. Disponible en: <https://doi.org/10.1590/0100-512X2019n14409pc>.

CEPAL (2020). América Latina y el Caribe: la transformación digital es clave para acelerar la recuperación y garantizar una mejor reconstrucción, según un nuevo informe. Recuperado de https://www.cepal.org/es/comunicados/america-latina-caribe-la-transformacion-digital-es-clave-acelerar-la-recuperacion

Cerdeira, L. (2020). Lo que podemos aprender de Estonia, el país más digitalizado del mundo. Recuperado de https://forbes.es/empresas/76138/lo-que-podemos-aprender-de-estonia-el-pais-mas-digitalizado-del-mundo/

Cisco (2020). Estudio de Cisco revela el nivel de preparación de los países, para crear una economía digital en la que todos los ciudadanos puedan participar y prosperar. Recuperado de https://news-blogs.cisco.com/americas/es/2020/03/11/estudio-de-cisco-revela-el-nivel-de-preparacion-de-los-paises-para-crear-una-economia-digital-en-la-que-todos-los-ciudadanos-puedan-participar-y-prosperar/

Collera, V. (2018). Estonia, el primer país digital del mundo. Recuperado de https://elpais.com/elpais/2018/04/05/eps/1522927807_984041.html

Confiep (2019). Transformación digital e innovación en las empresas: el caso de Estonia. Recuperado de https://www.confiep.org.pe/noticias/actualidad/transformacion-digital-e-innovacion-en-las-empresas-el-caso-de-estonia/

Cuenca-Fontbona, Joan, Matilla, Kathy, & Compte-Pujol, Marc. (2020). Transformación digital de los departamentos de relaciones públicas y comunicación de una muestra de empresas españolas. Revista de Comunicación, 19(1), 75-92. https://dx.doi.org/10.26441/rc19.1-2020-a5

Dudin, M., Afanasyev, V., Voropaev, M. & Zasko, V. (2020). Estado y problemas de digitalización de la gestión de universidades en Rusia y en tres países latinoamericanos (Argentina, Chile y Brasil). Form. Univ. vol. 13n. 6. http://dx.doi.org/

Elsevier Connect (2018). Transformación digital del sector salud: mapa de situación y tendencias. Recuperado de https://www.elsevier.com/es-es/connect/ehealth/transformacion-digital-del-sector-salud-mapa-de-situacion-y-tendencias

E-resident (2021). The new digital nation. Recuperado de https://www.e-resident.gov.ee/

Exteriores (2021). Singapur - Ministerio de Asuntos Exteriores. Recuperado de http://www.exteriores.gob.es/documents/fichaspais/singapur_ficha%20pais.pdf

Hanna, N. (2017). ¿Cómo pueden los países en desarrollo aprovechar al máximo la revolución digital?. Recuperado de https://blogs.worldbank.org/es/voices/como-pueden-los-paises-en-desarrollo-aprovechar-al-maximo-la-revolucion-digital

Holm, J. (2020). Transformación digital en el sector público de Estonia Beneficios y desafíos para la Oficina Nacional de Auditoría. Revista española de control externo, Vol. 22, N° Extra 64, págs. 22-47. Recuperado de https://dialnet.unirioja.es/descarga/articulo/7768609.pdf

Huamán Coronel, Pepe Luis, & Medina Sotelo, Cristian Gumercindo. (2022). Transformación digital en la administración pública: desafíos para una gobernanza activa en el Perú. Comuni@cción, 13(2), 93-105. https://dx.doi.org/10.33595/2226-1478.13.2.594

IMDA (2021). SMEs Go Digital. Recuperado de https://www.imda.gov.sg/programme-listing/smes-go-digital

Juca Maldonado, F., Brito, B., García Saltos, M. B., & Burgo Bencomo, O. B. (2019). La trasformación digital en los procesos académicos de la Universidad como alternativa a la reducción de impacto al medio ambiente. Revista Conrado, 15(67), 309-316. Recuperado de http://conrado.ucf.edu.cu/index.php/conrado

Mandujano, J. (2021). El avance económico de Singapur: Independencia e inicios de la nación insular. Recuperado de http://pueaa.unam.mx/blog/avance-economico-de-singapur-primera-parte

Marcopaz (2021). E-Estonia, un gobierno digital exitoso. Recuperado de http://marcopaz.mx/2021/05/20/e-estonia-un-gobierno-digital-exitoso/

MICITT (2019). Costa Rica y Estonia firman convenios de cooperación en temas de Gobierno Digital y La Cuarta Revolución Industrial. Recuperado de https://www.micitt.go.cr/portaldos/index.php?option=com_content&view=article&id=10535:teletrabajo-es-ley-de-la-republica&catid=40&Itemid=1917

Muñoz, L., Díaz, E. & Gallego, S. (2020). Las responsabilidades derivadas del uso de las tecnologías de la información y comunicación en el ejercicio de las profesiones sanitarias. Anales de Pediatría, Volume 92, Issue 5, Pages 307.e1-307.e6. https://doi.org/10.1016/j.anpedi.2020.03.003.

Naciones Unidas (2020). La brecha digital no debe convertirse en un nuevo rostro de desigualdad en América Latina. Recuperado de https://news.un.org/es/story/2020/09/1481182

Observatorio TEC (2020). Conoce el modelo educativo exitoso de Singapur. Recuperado de https://observatorio.tec.mx/edu-news/entrevista-mike-thiruman-secretario-general-sindicato-de-maestros-singapur

Opp, R. (2021). La tecnología digital está transformando el desarrollo. El PNUD también se transforma. Recuperado de https://www1.undp.org/content/undp/es/home/blog/2021/digital-is-changing-development--undp-is-changing-too--.html

Ospina Díaz, Milton Ricardo, & Sanabria Rangel, Pedro Emilio. (2020). Desafíos nacionales frente a la ciberseguridad en el escenario global: un análisis para Colombia. Revista Criminalidad, 62(2), 199-217. Epub November 26, 2020. Recuperado de http://www.scielo.org.co/scielo.php?script=sci_arttext&pid=S1794-31082020000200199&lng=en&tlng=es.

Ospina Usaquén, M. Ángel, & Navarrete Cárdenas, L. C. (2020). Caracterización de los principales retos de la implementación de la transformación digital en la educación en ingeniería en Colombia. Encuentro Internacional De Educación En Ingeniería. Recuperado de https://acofipapers.org/index.php/eiei/article/view/772

Paletta, F. C. y Moreiro-González, J. A. (2021). La transformación digital en los métodos y temas de la investigación brasileña de Información y Documentación 2010-2019. Revista Española de Documentación Científica, 44 (2), e293. https://doi.org/ 10.3989/redc.2021.2.1763

Pantzer, R. (2016). Singapur y su tecnología de vanguardia. Recuperado de https://blogs.iadb.org/administracion-publica/es/singapur-y-su-tecnologia-de-vanguardia/

Pérez, Baena, F. A. (2020). Estrategia de gobierno digital para la construcción de Estados más transparentes y proactivos. Trilogía Ciencia Tecnología Sociedad, 12(22), 71-102. https://doi.org/10.22430/21457778.1235

Raudla, Ringa (2021). Respuesta de Estonia a la pandemia de COVID-19: aprendizaje, cooperación y las ventajas de ser un país pequeño. Revista de Administração Pública, v. 55, n. 1. https://doi.org/10.1590/0034-761220200414.

Red Hat (2021). La transformación digital. ¿Qué es la transformación digital?. Recuperado de https://www.redhat.com/es/topics/digital-transformation/what-is-digital-transformation

Roonemaa, M. (2017). El 'tigre digital' báltico. Recuperado de https://es.unesco.org/courier/abril-junio-2017/tigre-digital-baltico

Sánchez, C. (2020). Ficha sector. El mercado fintech en Singapur 2020. Recuperado de https://www.icex.es/icex/es/navegacion-principal/todos-nuestros-servicios/informacion-de-mercados/paises/navegacion-principal/el-mercado/estudios-informes/DOC2020857012.html?idPais=SG

Sánchez, F. (2021). El modelo de innovación y emprendimiento en Singapur. Boletín económico de ICE, Información Comercial Española, Nº 3132 (Del 1 al 28 de FEBRERO de 2021), págs. 61-71. https:/doi.org/10.32796/bice.2021.3132.7152

Sánchez Cano, Julieta Evangelina (2020). The technological innovation of the blockchain and its impact on the energy sector. Panorama económico (Ciudad de México), 16(31), 157-178. Epub 23 de febrero de 2021.https://doi.org/10.29201/pe-ipn.v16i31.267

Statista (2021). Países clasificados según el Índice de Inclusión de Internet 2021 de The Economist Intelligence Unit. Recuperado de https://es.statista.com/grafico/25716/paises-y-territorios-clasificados-segun-el-indice-de-inclusion-de-internet/

Semana (2020). La increíble historia de Estonia, el país más digital del mundo. Recuperado de https://www.semana.com/economia/articulo/la-increible-historia-de-estonia-el-pais-mas-digital-del-mundo/202011/

Singapore Fintech Festival (2021). About Us. Recuperado de https://www.fintechfestival.sg/about-us/

The Valley Digital Business School (2021). Digital Transformation Model. Recuperado de https://thevalley.es/scale/

UIT (2020). La UIT, Estonia, Alemania y DIAL aúnan fuerzas para acelerar la transformación digital de los servicios gubernamentales. Recuperado de https://www.itu.int/es/mediacentre/Pages/cm06-2020-ITU-Estonia-Germany-DIAL-digital-transformation-government.aspx

UNEP (2018). La travesía de Singapur para convertirse en un modelo de biodiversidad. Recuperado de https://www.unep.org/es/noticias-y-reportajes/reportajes/la-travesia-de-singapur-para-convertirse-en-un-modelo-de

Unión Europea (2021). Estonia. Recuperado de https://europa.eu/european-union/about-eu/countries/member-countries/estonia_es

Vacas, F. (2018). Transformación digital: del lifting a la reconversion. CEF, núm. 10 (mayo-agosto 2018), pp. 135-143). Recuperado de https://dialnet.unirioja.es/descarga/articulo/6775335.pdf

Valitsus (2021). Strategic goals. Recuperado de https://www.valitsus.ee/en/estonia-2035-development-stategy/strategy/strategic-goals

Vargas-Murillo, G. (2020). Estrategias educativas y tecnología digital en el proceso enseñanza aprendizaje. Cuadernos Hospital de Clínicas, 61(1), 114-129. Recuperado de http://www.scielo.org.bo/scielo.php?script=sci_arttext&pid=S1652-67762020000100010&lng=es&tlng=es.

Printed by Books on Demand GmbH, Norderstedt / Germany